JN438514

응어리의 진실

제3시집

몽알이의 진실

김병학

신아출판사

책을 여는 글

오랜 고뇌와 장고 끝에 속으로 품어 가슴앓이로 낳은 열매를 주섬주섬 모아 세 번째 책으로 엮었습니다.

탐스럽게 잘 영글지 못한 열매가 많은 것 같아 자신을 나무라고 채찍질해 봅니다.

옹알이한 지가 4년째이지만 지금도 말을 더듬고 있어 죄송합니다.

그동안 따뜻한 격려로 앞으로 나아갈 수 있는 동력을 저에게 실어주신 선후배, 친구, 동료들에게 감사의 말씀을 드립니다.

앞으로 옹골찬 열매를 많이 맺을 수 있도록 힘차게 정진하여 사랑을 주신 선후배, 친구, 동료들에게 보답하겠습니다.

감사합니다.

2014년 시암 골 봄의 뜰에서
봉암 김병학 씀

• 제1부 •

내 고장 노래 3

• 제2부 •

세월에 장사 없다

• 제3부 •

정자나무의 지혜

• 제4부 •

꽃잎들의 날갯짓

• 제5부 •

순백의 천사

• 제6부 •

대한의 노래

• 제7부 •

우리 집 뜨락 4

• 작품평설 •

제 1 부

내 고장 노래 3

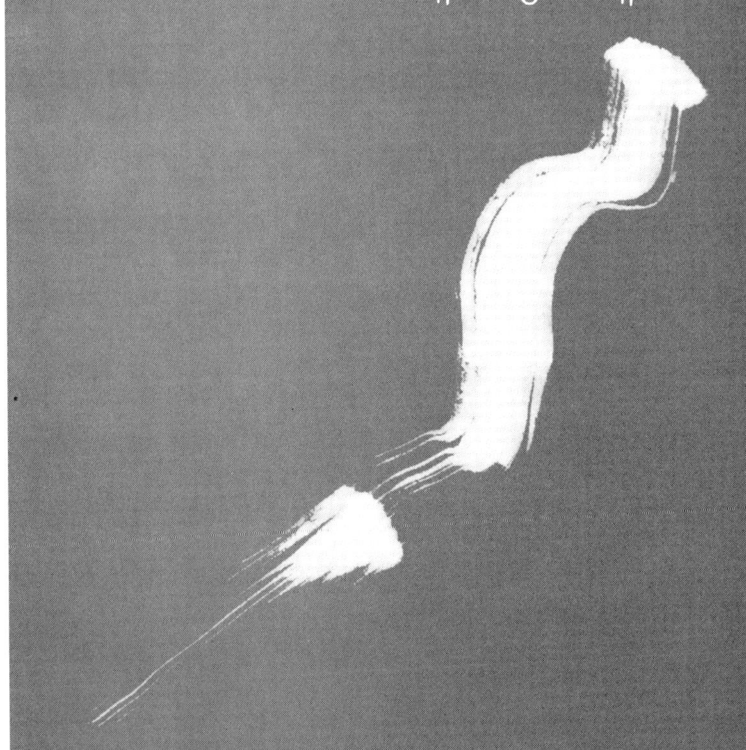

내장산 단풍(1)

내장산 마루에서
불꽃이 튄다
점점 온 정수리를 덮더니
등을 넘어온다

속을 달구고 달궈 빚어 올린 정열의 빛이
벌겋게 타 내린다
탄성 소리가 메아리로
계곡을 건너간다

포기마다 피어오른 횃불이
몸뚱어리를 모두 태우고
점점 내려와 골짜기를 태우고
나를 태운다

나는 그만
나를 잃어버렸다.

내장산 단풍(2)

단풍잎은
밤새 내내 몸을 달구다

굽이굽이 휘돌아서 가는
추령고개 등 너머로
벌건 태양 솟구쳐 오르면
아침이슬 바람에 훌훌 털어내고
햇살에
몸을 태우고 태워서
붉은 꽃잎이 되고

꽃잎 된
새빨간 단풍 이파리는 꽃잎새의 미소로
바삐 가는 뭇사람을
불러 세운다.

내장산은 설국

간밤에
삭풍이 창문을 두드리더니
온 천지에 흰눈이 수북이 쌓였네

빨간 단풍잎 진 가지에
순백의 눈꽃이 포기포기 피고
단풍터널도
눈꽃터널

눈 덮인 골짜기는 설원

주렁주렁 매달린 똘감
하얀 모자 쓰고 대롱대롱
허기진 직박구리
찍찍 짹짹

내장산은
환장하고 미치게 고운 쪽빛 하늘을 품고
해맑은 햇살에 반짝이는
눈의 나라 설국.

산사카페*

원적계곡의 옥수
바위틈을 비집고 내려와
극락교 밑으로 굴러 흐르는 여울 소리가
청아하게 가슴을 적신다

카페 앞에 우거진
빨간 단풍 이파리 따라 붉어져
마음도 붉은 꽃

정혜루*처마 끝 풍경소리가
정적을 걷어내니
바로 여기가
무릉도원

단풍 숲에 묻혀서

차 한 잔 마시니

온갖 시름

다 사라지고.

---

* 산사카페 : 내장사 천왕문 앞에 있는 찻집
* 정혜루 : 내장사 대웅전 입구 계단 위에 있는 누각

신선 나라

금선계곡* 끝자락
사천왕문 옆 또랑* 징검다리에 앉아
더듬어 내리는 옥수에
발을 담그니
가슴속까지 시리고

징검돌 밑에 웅덩이
피라미 몇 마리
평화롭다

서래봉* 밑 숲에 시선을 올려놓으니
유리알처럼 쏟아지는
여름 햇살에
잎사귀마다 반짝반짝

재넘이
한 줄기

이마를 스치니
선인(仙人)이 따로 없구나!

아 ---
여기가 신선나라

---

* 금선계곡 : 내장사 남편에 흐르는 계곡
* 또랑 : 도랑의 사투리
* 서래봉 : 내장산 구봉 중에 바위로 된 봉우리

내장산은 우리의 유산

억겁의 세월
비로 깎고 바람으로 다듬어서
세워놓은
천년바위 서래봉

톱날 같은 아홉 봉 능선 따라
솔, 갈나무로 숲을 만들고
골짜기 바위 틈새마다
토해내는 옥수

천지가
처음 열릴 때부터
태초의 조상으로부터 대대로 물려온
우리의 유산

그 누가
울타리를 치고 금을 그었는가

들어라

속박하는 자여!

내장산을 열어라.

잿더미 대웅전

울적한 맘 추스르기 위해
고즈넉한 내장사를 찾았다
산사에 가면 의례히
대웅전을 아니 볼 수 없지

그런데
천년고사 웅장한 대웅전은
온데간데없고
새까만 잿더미가 가림막으로 가려져
그 자리에 누워 있다
중생은 다 어찌하고
벌써 노승 따라 입적하셨나

지금까지
확실한 화재 원인은 모르고
난로가 과열되어 일어난 것으로 추정한다고

앞에 서 있는
붓다의 진신사리 석탑이
묵묵히 바라보고 하신 말씀
당신을
끝까지 지키지 못해 미안하오.

※ 내장산 대웅전은 2012.10.31. 새벽 2시경 원인 모를 화재로 전소되었음

무주공산(無主空山)

별이 품속으로 비집고 들어와
봄인가 하고
골짜기에 산책을 나섰더니
옷을 벗은 숲은
이제야 움을 밀어 올리고 있고
산은 속살을 드러낸 채
아직도 찬바람을 휘감고 있다

수풀 지키던 뻐꾸기
지난가을 떠난 뒤 기약이 없고
북적이던 인적 끊긴 지
언제인가

서래봉에
무거운 몸 풀고 가던 구름도
침묵으로 계곡을 건너간다

임자 잃은 내장산에
또 하루의 석양이
내려앉고.

입암 지킴이

입암에는
장승이 두 개 있다
남동쪽에 입암산 남서쪽에 방장산
두 팔을 번쩍 벌리고 서 있다

지난여름
남녘 먼 바다에서 불어닥치는
성난 태풍의 심술을 온몸으로 막아 주더니
겨울에는
멀리 남으로 가는 구름을 붙들고
순백의 천사
하얀 눈을 내려 주었네

마을은 흰 양 떼처럼
옹기종기 평화롭고
북으로 탁 트인 들녘은
낭만의 설원

우리는
지킴이 영물
쌍 장승이 있어
겁나게* 맴이 든든하당께*.

* 겁나게 : 많이의 전라도 사투리
* 하당께 : 하다의 전라도 사투리

입암은 천 년의 명지

갓빠산*의 정기를
솔솔 피워내어 입암 산야에 내리니
천지의 원기를 품었네

철도길 국도길 고속도길 하늘 길
큰 줄기 4개
대한의 동맥이 흐르고
앞으로 또 고속 철길도 열리는 땅

100여 년 전
보천교가
둥지를 틀어 번성하였고
한동안
방직공장이 토해내는 기계 소리가
하늘 끝까지 메아리쳤던 곳

입암이여!
꿈을 꾸어라 그리고 정진하라
언젠가는 천 년의 번영이
다시 일어날지라.

---

* 갓빠산 : 전북 정읍시 입암면과 전남 장선군 북하면 사이에 있는 높이 626m로 입암산을 예스럽게 부르는 말

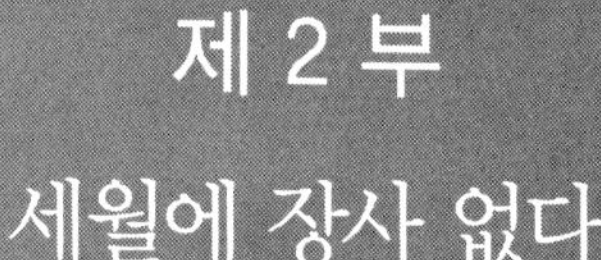

제 2 부

세월에 장사 없다

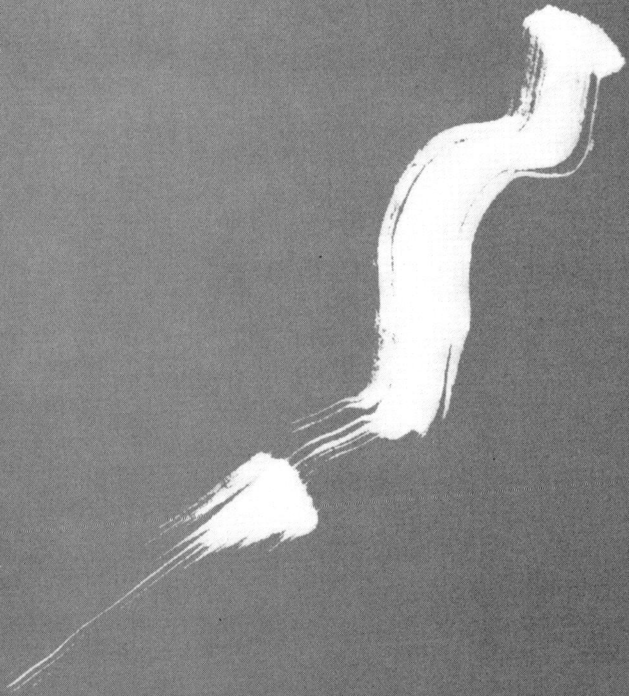

세탁소에 옷을 맡기면서

요즈음은
날씨가 쌀쌀하다
여름에서 가을로 넘어온 시절

그래서
가을 옷으로 갈아입고
여름에 입었던 옷은 빨래를 해서
장롱에 걸어 놓는다
그냥 두면 곰팡이가 생기기 때문이다

여름옷을
세탁소에 맡기면서 생각한다
과연
내년 여름에 이 옷을 다시 입을 수 있을까
반신반의하는 맴이 씁쓰름하다

흘러가버린 세월만큼
인생 고희 넘었으니
이제는 차례가 된 셈

집에 오면서 생각한다
인생무상을

유모차

허리가 딱 굽은 할매가
내 몸에 의지해 세 발로
아그작 아그작 고샅길을 걸어갑니다

막 태어나 젊었을 때는
갓난애를 항상 안고 다녔으며
아기가 보채면 다독다독 달래고
새근새근 잠들면 깰세라
가만가만 걸었습니다

나는
늘그막 황혼에
할머니의 지팡이가 되었습니다

내가 몸져누우면
애나 할미는 움직일 수가 없습니다
그래서
기운이 빠져 지칠 때는
칠흑의 밤 남몰래
어둠을 고봉으로 퍼서 꾹꾹 씹어 먹고
힘을 냈습니다

해님이 자지러지게 웃는 화창한 아침
오늘도
할매님는 나를 앞세우고
마실길을 떠납니다
햇살도 못 잊혀서
기우뚱기우뚱 따라 나섭니다.

로또복권

인생살이 팍팍해서
삶이 너무 무거워서
로또복권 한 장을 샀다

일주일짜리 꿈을 사들고
인생 역전의 희망을 품어 본다

일확천금의 소망이
가슴에 와 닿았다가
파도처럼
포말만 남기고 사라진다

집을
지었다 허물고 지었다 허물고
하루에도 몇 번
창공에 둥실 뜬 구름
너무 멀리 있는 것 같으면서

잡힐 것 같은 느낌
착각은 자유

칠 일간 인생에
생기가 일어선다.

정읍시사 창간10주년 기념 축시

눈과 귀가 열린 지
어언 10여 성상
그날부터
해 그늘 밑을 볼 수 있었고
작은 소쩍새 소리도 들을 수 있었다

정론을 펴
신문고로 그 소리가
가슴을 두드렸고
소식의 전도사로 그 시사(時事)가
감동을 품어 주었다

시민이 있는 곳에
항상 같이 있어 든든한 동반자였고
정읍시사가 서 있는 자리엔
시민이 늘 같이 있어 다정한 친구이었다

오!

정읍시사여 장하도다

인터넷 300만 돌파

지령 500호 발간

시민과 함께 길이길이길이

빛나소서.

※ 정읍시사신문 인터넷독자 300만 돌파 축하 및 지령 500호 발간, 창간 10주년 기념행사 축시

길

길을 나선 지
70하고도 2년의 성상
뒤돌아보니
얼마나 왔는지 아득하다

떠날 때는
햇살이 우수수 쏟아지는
아침이었는데
지금은
어느새 태양도 지쳐버린
해름 녘

얼마 남지 않은 해
더 멀리 가려고 서둘지 말고
힘들다고 포기하지 말세
후회도 털어버리고 욕심도 내려놓고
바람에 몸을 내어주듯 구름같이
살다가 가세

때는
노을이
치맛자락 펼쳐놓은
석양녘.

반달 이발소

부부이발사
머리세탁소
네댓 평 되는 비좁은 공간에 낮은 천장
문틀 위에 묵은 둥근 시계 왼쪽엔 달력
구석의 카세트에서 토해내는 흘러간 유행가의
고복수 노래가
가슴을 옛 세월에 묻는 곳

의자에 앉아 눈을 감고 머리를 맡기면
머리칼을 솎아내고 털고
얼굴에 크림 발라 싹싹 면도질하여
이물질을 긁어낸다
다 끝났다고
의자를 툭툭 치는 신호에 눈을 뜬다
재벌질로 한 번 더
비누질해 여기저기 빡빡 문질러서
속세에 찌든 티 깨끗이 털어내고 나면

아!
상쾌한 기분

이 골목 저 골목 미장원에서 손짓하지만
굳이 그 집을 찾는 까닭은

그곳은
옛정이 있고
고향이 있고
새 사람들이 있다.

나는 고목이다

달도 차면 기운다더니
우리네 세상살이도
칠순 넘으니 기우는 인생

골격은 숭숭히 구멍 뚫린 골다공으로
빈 수수깡
연골은 닳고 닳아서 마디마디가
삐걱거리고
살갗은 수분이 점점 빠져나가
마른 삭정이
성냥불만 붙이면
훨훨 타버릴 쇠해진 육신

숱한 해(年)를 넘어오면서
묵은 몸이 되었으나
가끔은 나이를 착각하고 사는 치매환자

굳어서 새 움도 돋지 않는

나는 고목.

운명

어느 대통령이
후보 시절에 이렇게 말했다
'나는 준비된 대통령이다'
준비는
대통령만 필요하랴
늘그막 인생에도 반드시 필요한 것
검판사 박사가 되는 거창한 명예도 아니요
농부의 소박한 꿈도 아니다
어느 날
갑자기 다가올 운명에 대비하는
평범한 이치이니라

누구에게나 한 번은 찾아오는 불청객
피할 수 없는 매듭
욕심을 내려놓고
슬픔을 벗어놓고
각오하고 순응하며 담담히 맞이하자

인생이란 어차피
앞에 것은 남고 뒤로는 없는 법

언제 어떻게 다가올지 모르는
내가 업고 태어난 숙명
기다림은 탈 탈 털고
생각은 버리고
두려움은 잊고
청춘처럼 살다 맞이하자.

너무 멀리 가지 마소

마음을 열고
가슴 벽 활짝 트고
깊은 속 통째로 터놓았던 친구
어찌된 일인지
서로 묻던 안부가
너무 멀어지는 것 같네 그려

가진 것 쥐뿔도 없어도
맘 하나는 진국인 줄
자네도 잘 알고 있지 아니한가
정마저
떼어버린 것은 아니겠지

친구야
떠나 가드래도
먼발치로 보이는 곳까지만 가소
외쳐 부르면 들리는 곳까지만 가소

너무 멀리 가서
뒤돌아올 길
잊어버릴까 봐 걱정되네.

센머리

육공세대 넘어 칠공세대 되니
머리에 하얀 눈이
소복이 내려앉았네

사람들은
늙다리 모습 감추기 위해
허연 눈을
화학제를 발라 녹이어 본다
녹아 없어지는 듯하지만
한 달이 다 못 가서
도로
희끗희끗 눈발이 앉는다

여보게들 그만두게나

조화신께서 내려주신
흰 눈을
그 누가
녹일 수 있겠는가.

놀이터 그네

노을이
하루를 마감하는 해름 녘
그네에 애들이
조롱박 덩굴에 아기 박처럼 조롱조롱 붙어
수다 소리 웃음소리
자지러진다

동생은 앉고 누나 형이 밀고
동생이 앉고 언니 오빠가 밀고
고함 창문틈새 비집고 들어가
어른들의 귀를 괴롭힌다

아이들 태울 때가
제일 행복한 시간

어스레히 땅거미 내리면
애들은 뿔뿔이 흩어져 모두 다 가고
홀로
쓸쓸한 달빛을 삼키며
고독을 다독인다
그러다가
졸음이 눈꺼풀을 내리면
깊은 잠속에서
놀다 돌아간 아이들을 만난다.

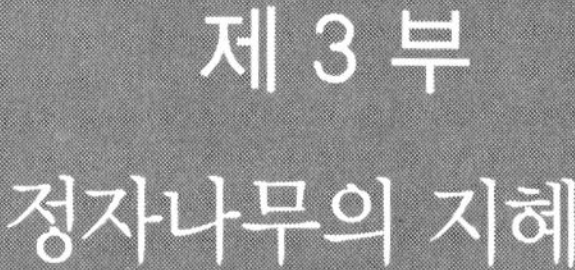

제 3 부

정자나무의 지혜

고향

당신은
토방에 사뿐히 내려앉은 봄볕
포근한 어머님 품속
구들장 아랫목입니다

그대는
알맹이를 떨어낸 볏짚 내음
지글지글 끓는 된장국
뚝배기에 마시는 막걸리입니다

자기는
졸졸졸 돌부리에 부딪치며 굴러 흐르는
도랑물소리
들을 건너오는 정겨운
솔밭 뻐꾸기 소리
궂은날 추억을 두드리는
집시랑물 소리입니다

당신은 그대는 자기는
언뜻언뜻 일어서서 두런두런 다가오는
지나간 옛이야기입니다.

앞서 가 있는 향수

고향이
재 너머 저만치 있다

지척이 천 리라고 평소에는 잊고 살다가
고향 길 나서면
몸보다 마음이 먼저
뚝뚝 떨어지는 그리움 한 짐 지고
달음질쳐 가 있다

향촌에 가도
이웃들 어디로 가고
옛 집터에 나무새만 무성한데
어찌하여 앞서 가 있는고

아뿔싸!
반기는 이 없어도
찐하게 정들었던 산천이
덥석 품어주지 아니한가.

멀어져가는 고향

팔월 보름 한가윗날이면
성묘 한다고
고향 가는 날

부모님 돌아가시고 나니
추석에야 비로소
향촌 고샅길 밟아보네

어찌할꼬 어찌해
점점 멀어져가는 고향산천
인생 고희 넘어
하나둘 사라져가는 죽마고우들

동네 모정, 아름드리 둥구나무
자갈밭 내깔*, 웅덩이 피라미 떼
가슴은 아직도
옛 추억을 알알이 토해내고 있다

아 --
고향산천이여! 애달프다
해름 노을에 흠뻑 젖은
향수.

---

* 내깔 : 내의 사투리

감꽃

달이 솟아오르면
아파트 밑에
달그림자 밟고 장승처럼 서서
집을 지켜주는 감나무의 꽃
이파리 무성한
오월이 오면
잎사귀 속에 숨어 피는 꽃

새악시*처럼
예쁜 연둣빛으로 피어나면서도
수줍어 남모르게 피는
소박한 꽃잎

말없이 한 세월 보내다
때가 되면
조그만 씨알만 남기고
통째로 떨어져 사라지는 화엽

남몰래 태어나
묵묵히 세월에 묻히는
숨은 꽃.

* 새악시 : 새색시의 사투리

정자나무의 지혜

바람이 가지를 잡고 흔들면
휘어질 줄 알고
차가운 겨울이 밀려오면
이파리를 떨구어 몸집을 줄이고
춘향(春香)이 코를 흔들면
잎사귀를 피워내 살찌우는 지혜를
어떻게 터득했을까

지금으로 돌아온 그는
마을 어귀에 우뚝 서서
태산을 넘어온 지친 새들에게
아낌없이 품을 내어준다

그러기에
질긴 인내로 천 년의 풍상을 견디며
세월의 대하(大河)를 건널 수 있었던 것

불타는 보리수 아래서
득도를 하였다는데
고희 넘은 나는 정자나무 아래서
이제야 비로소
삶의 지혜를 깨우친다.

깨달은 봄

지금껏
겨울 한 바람 끝자락인가 하였는데

미치고 환장하게 고운
활짝 핀 벚꽃 밑에서
이제야 비로소 봄을 깨달았네

풍상을 이고
어느새 많은 날들을 건너 돌아와
화사한 색동옷으로
갈아입었나
눈 시리게 아름다운 너의 모습이
포기 꽃구름으로
온 산야에 걸려 있구나

네가 왔으니
아침 해 자지러지게 웃는 날
가슴 열고
산보나 떠나야겠다.

신록

걷던 길을 멈추고
허리를 일으켜 산을 바라본다

나무들
꽁꽁 얼어붙은 계절의 강을 건널 때
숨죽이며 침묵하더니
이제
마파람에 몸을 풀고
5월의 햇살을 긴 호흡으로 삼키며
싱싱한 연록빛깔을 게운다

나이테 깊어 철이 든 나무들
바람을 안고 향기로이
가지는 하늘하늘
이파리는 나풀나풀

미치게 싱그러운 신록을 눈에 넣으니
이 늙은이의 몸에도
젊은 혈기가 돈다.

바람의 길을 열어라

바람이 흐르는 길목에
큰 웅덩이를 파놓고 그득히 고이면
호주머니에 넣어 다니다가
산봉우리 오르며 숨이 컥컥 막힐 때
조금씩 꺼내 쓸 수 없을까

바람이 달리는 골짜기에
큰 댐을 막아놓고 그득히 채워서
찜통더위 한여름에
살랑살랑 불어오게 할 수 없을까

아니다
바람은 본디 흩어져 사는 법
모이면 노하여
태풍이 되고 허리케인이 되는 법

산들산들산들 지날 때
솔솔솔 지나갈 때
주저 없이 길을 열어 주어라.

빗소리

비 내리는 소리 듣고 싶어
창문을 조금
살짝 열어 놓았습니다

두드득 두드득 쏴악 쏴악
밤새도록
창밖에 우거진 감나무 이파리를
다독이고 쓰다듬습니다

새까만 침묵을
잠재우고
어릴 적 어머님 자장가로
다가옵니다

흠뻑 젖어
살며시 눈을 감고,
깊고 깊은
평안에 듭니다.

외골수

무주구천동
골짜기에 앉아 귀를 크게 열었더니
물소리가 가득하구나

폭포로 흐르는 옥수
무리지어
어디들 가는고

계곡이 깊어 산세 아름답고
산새소리 청아하니
우리와 함께 쉬어감이 어떠냐고
간청하였더니

아무 대답 없이
앞만 보고
내달리더라.

제 4 부

꽃잎들의 날갯짓

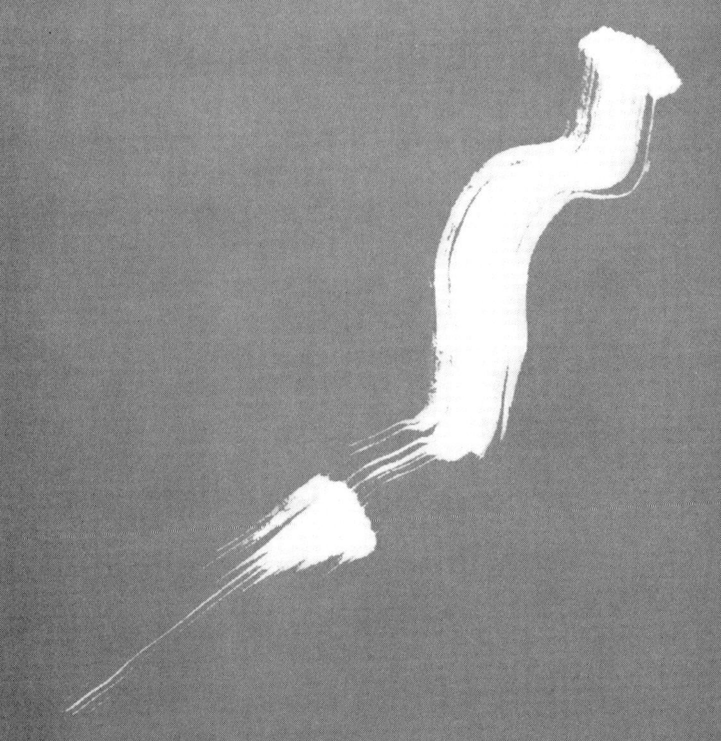

박꽃

허물어진 돌담 움켜쥔 조롱박
뒤엉클어진 넝쿨 헤집고
곧게 피어오른
새하얀 꽃

꾸밈없는
있는 그대로 소박한 모습
정겹게
가슴에 안긴다

까아만 밤에만
이슬 먹고 남몰래 피어서
묵묵히 박각시*를 기다리는
숨은 얼굴

벙그레 웃으면
청초한 미소가 새악시*처럼 고운 꽃잎
희디흰 달덩이를 닮아 피는
순백의 꽃이랍니다.

---

* 박각시 : 달밤에 날아와 박꽃을 수정하는 나방
* 새악시 : 새색시의 사투리

자연이 골났다

풋 여름에
땡볕 가뭄으로
땅이 목이 타 거북등 되더니
장마는 언제 오갔는지 알 수 없고
엊그제 태풍 볼라벤이 북상
초속50m 초강풍을 동반
대지를 할퀴고 갔는데
또 무슨 텐빈 태풍이랑까

장대비 마을을 삼키고
강풍은 알밤을 다 떨구고
뾰족이 밀어올린 벼이삭
쭉정이가 하늘을 찌를 듯 끝 날을
세우고 있다

이것이
무슨 업보단가

여보게
여의도동 양반네들
거시기만 왔다 갔다 하지 말고
자연과 상생하는 길을
찾아 보드라고.

떠나가는 여름

요즈음
아침저녁으로 선선하다
마당에 바글바글 가득하던 여름이
저만큼 가고 있다

여름 내내
풋풋한 풋 열매
주렁주렁 매달아놓고 떠나려니
아쉬움이 많지 않겠는가

요사이
절규하는 쓰르라미 장송곡도
앞산에
정겨운 뻐꾹새 소리도
조용한 것이
벌써
서둘러서 모두들 떠났는가 보다

아직은
여름 끝자락이 남아
한낮 따가운 햇살
우르르 쏟아 내리고 있는데.

눈꽃

뿌연 하늘에서 솜 눈송이가
속속 빠지니
잎 진 가지에
순백의 눈꽃이 주렁주렁

꽃 질까 봐
바람도 가만가만 지나고
해님도 구름 속에 숨었네

나뭇가지에 까치 한 마리
푸드득 가지를 흔들고 날아가며
눈꽃을 우수수 떨군다

까치야
시새움하지 마라
바람이 구름을 걷어가고
햇살이 사풋이 내려앉으면
절로 지는 꽃이니라.

계사년의 아침

계사년의 여명이 밝아온다

묵은 임진년이여 가거라
새날이여 오너라

새날이여
희망을 품고 꿈을 안고 오라

우리의 뜻을 이루게 하는
긴요한 날들
절실한 시간들
어서 오라

희망이 다가왔을 때
꿈이 활짝 피어났을 때
웃음꽃 벙그레 지리.

새 움

지난 겨우내
줄기 속 깊이 몸을 묻고
낮은 호흡으로 살았지

이제
껍데기 비집고 나와
묵은 넝마는 훌훌 벗어버리고
화사한 새 옷으로 갈아입고
쑥쑥 솟아
어서 어른 잎 되어라

숲 잃은 겁쟁이 뱁새가
산길 모퉁이에서
실눈 끔벅이며
눈물 훔치고 있다.

봄비

비가 내린다
가랑비로 가만가만

일기예보
호남지방 예상 강우량 5㎜ 미만

에이!
그렇게 시원찮게 두드려서
곤히 잠든 초목이
깨겠는가

감질나는
봄비.

꽃잎들의 날갯짓

무심코 거니는데 깔깔깔
어디서 들려오는
간드러지는 벚꽃의 웃음소리
깜짝 놀라 눈을 떠보니
온몸이 꽃송이에 묻혀 있네

먹물을 풀어놓은 어둔 밤
전깃불이 툭툭 빛을 버리는 섬광에
반짝이는 꽃잎들의 날갯짓
넋을 송두리째
빼앗기었네

홀딱 반하게 황홀한
꽃 터널 숲을
덩실덩실 춤을 추며 선무당처럼
이리저리 헤맸네

그만
나는 길을
잊어버렸네.

뻐꾹새

뻐꾹뻐꾹
대숲을 넘어 시냇물 건너
성당 종소리처럼 다가오는 저 소리
여음이 감미롭다

정겨운 저 목소리
아득히 가버린 옛 추억을 불러와
옛 친구들의 모습을 돋아내고
향수를 알알이 피워낸다

지난여름 끝자락에서
안개처럼 떠나더니
언제
바람같이 돌아왔네

올해 떠날 때는
슬그미 가지 말고
뒤풀이나 실컷 하고 헤어지드라고
알겠는감
아따메 걱정허지 말랑께.

외진 산길

숲이 울창한 골짜기

청잣빛 하늘이
수풀 사이로 기웃거린다
솔바람이
잰걸음으로 숲 위를 걸어간다
바위틈 비집고 솟은 옥수
머무를 곳을 찾아 바윗돌 더듬으며
흐른다
하늘 높이 뜬 구름
계곡을 건너간다

산길을 걷는 자여
말문을 닫아라
귀를 크게 열어라
그리고 숨을 죽이고 묵묵히 걸어라

그리하면
속세에 찌든 시름 다 사라지고
구름, 바람, 물, 새소리로
가득 채워지리다.

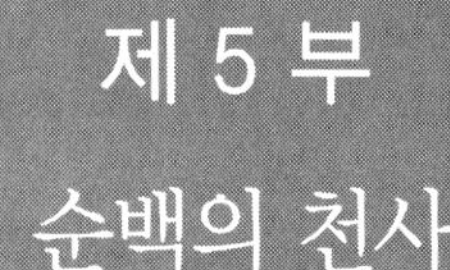

제 5 부
순백의 천사

태양

붉은 불덩이여 솟아라
광명을 품고 솟아라
산을 넘고 바다를 건너
동녘 하늘로 솟아오르라

어둠을 야금야금 씹어 먹으며
떠올라라
밤을 모두 삼키어라

해야
삼라만상이 눈을 뜨게
광명을 비춰라
만물이 소생하게
원기를 풀어 불어넣어라

하루가 다 차
서산 너머로 기울면
돌고돌아 다시 솟아라.

하늘이 뿔났다

한여름 새벽 5시
정읍체육공원 풀밭에서
풀벌레가 찌리릭 찌릭
무겁게 깔린 어둠을 걷어내고 있다

하늘을 보니
먹구름은 어디로 가는지
북녘으로 내달리고
쑥국새도 쑥국 쑥국
무슨 사연인지 밤새 뿌린 눈물이
온 산자락에 아침 이슬로 맺혀 있다

어쩐지 불길한 예감

일기 예보
중부지방 호우특보 게릴라성 폭우
예상 강우량 80~200m

어제는 전북 군산에 물 폭탄
또 다음은
어디메일까.

내 맘 허옇게

하늘이
내 마음같이
먹구름 밀려와
잔뜩 찌푸린 날씨

구름아
이왕에 몰려 왔으니
하얀 눈 펑펑 내리어

속된 일들

이런저런 오해로
이런저런 갈등으로
아리고 쓰린 우울한 맴을
허옇게 씻어다오.

늦겨울의 몸부림

우중충하고 꽁꽁 얼어붙은
징한 긴 터널

오늘따라 유난히도
으스스 찬 공기가 살갗에 본드처럼
찰싹 달라붙고
맵찬 바람은 허연 눈발을 보듬고
수평으로 달린다

늦겨울의 몸부림은
봄이 가까이 왔음을 알리는 조짐
시절은 어김없이
가고 오는 법

터널 끝이 창문처럼 환히 보인다

만동의 끝자락에서
벌써 조급한 마음은
순백의 백목련이 벙그레 웃으며
잰걸음으로 다가오는
꿈을 꾼다.

순백의 천사

지난 어느 날 가는 세월 발자국 따라
학처럼 날아간 후
계절의 강을
건너고 건너서 돌아와
목련가지에 꽃망울로
십자매같이 다소곳이 앉은 너들

기다리는 내 맘을 아는지
서걱서걱 봄을 비비대며
시나브로 날개를 편다

노을도 맨날
너들이 활짝 웃을 때
볼에 연지 꼭꼭 찍어 주고파
해름 서산 마루턱에서
분홍 치맛자락 펼쳐놓고
목을 길게 하고 기다린다

순백의 천사여
고결하게
어서어서 피어나라.

세월은 무정한 동행자

억겁을 흘러와서
또 그 시간을 흘러갈 세월

그의 모습은
보이지도 않고 만져볼 수도 없는 투명체
단지 알 수 있은 것 어디론가
우리와 같이 가는 동행자
아니 따라갈 수도 없고
뒤처질 수도 없는
거역할 수 없는 자연의 이치

어릴 적은
10킬로로 함께 가더니
70킬로로 달린다
마라톤 선수처럼 가속이 붙은 것을 보니
거의 다 온 것 같다

우리는
어디쯤에서 헤어질까
어두운 침묵의 문턱 앞에서
마지막 안간힘으로 손이 허공을 젓을 때
홀로 두고
무정하게 떠나간다
바로 그것이 동행하는 세월.

세월은 동반자

슬플 때 억울할 때 분노할 때
매상 곁에서
세월이 약이다고 다독거린다

어려서도 함께
늘그막에도 같이
평생
더불어 사는 한 짝

너는 영겁을 살지만
우리네 인생 100년도 못 가니
너와 나의 인연은
우주 속에
하나의 점

그러나
바람만 스쳐도 인연이라는데
어찌하겠는가
그대와 나는 떼려야 뗄 수 없는
함께 가는 동반자.

가는 세월

말없이
앞만 보고 달음질치는
흘러가는 시간을 보고

산은
두 팔을 길게 벌리고 우뚝 서서
쉬어가라 하고
강물은
길을 가로막고
머물다 가라 하네

세월아
네 고향이 어디메냐
타향도 정이 들면 고향이라던데
여기에
네 고향하면 어떠리.

세월에 장사 없다

묵은 기억상자를 꺼내
어금니 악문 녹슨 쇠통*을 여니
추억들이 햇빛을 본다
꿈 많고
혈기 방장한 시절이
옛이야기로 일어선다

이젠 모든 것은
스쳐 지나가버린 한 줄기 바람
숱한 날들이 할퀴고 간 흔적들만
몸 여기저기에서
삐걱거린다

세월에는 약이 없는 법

70고개 넘어 아기작아기작 걷는
육 척의 몸이
황혼에 애처롭다.

---

* 쇠통 : 자물쇠

제 6 부

대한의 노래

혜성처럼 피워내는 꽃

– 동학농민운동의 지도자 녹두 장군 전봉준

잔뜩 찌푸린 하늘
쏟아버리지 않고는 견딜 수 없는
글썽이는 한
금방 퍼부을 것만 같다
분주히 오가는 저 먹구름은
무슨 생각을 하고 있을까
120여 년 전 녹두 장군의 심정이
저리하였으리다

참을 수 없는 분노
정의에 횃불
제세안민의 피가
부글부글 끓어올랐으리다

사발통문이 곳곳에 전달되고
장군의 핏발 친 호령이

배들 벌판*을 휩쓸고 건너가니
농민들의 봉기가
민초들의 함성이
여기저기서 죽순처럼 돋아나
천지를 요동쳤으리다

늙은이여 무쇠 조선낫을 들어라
젊은이여 묵은 죽창을 들어라
동학 접주자*들이여 횃불을 밝혀라
모든 백성들은 깃발을 따르라

허나
뜻을 이룬 듯하였으나
왜세에
횃불은 빛을 잃고
깃발은 갈기갈기 찢기있으니
아– 애달프다

맑게 개야 할 하늘은
다시 구름이 일고
청포장수*들 가슴에 스펀지가 물을 머금듯

한이 흥건하니
어찌할거나 어찌해

그의 몸은 형장에서
캄캄한 침묵 속으로 당당히 걸어들어갔으나
민족의 후예들은 장군이 그리워
해마다 여름이면
녹두꽃*을 혜성처럼 피워냅니다.

---

* 배들 벌판 : 정읍시 이평면 들녘
* 접주자 : 동학의 교단조직인 접의 책임자
* 청포장수 : 백성
* 녹두꽃 : 녹두 장군의 상징

역사* 지킴이

420여 년 전
임진왜란 침탈 당시
조선왕조실록 태조어진을
안 가슴 은밀한 곳 용굴암 은적암 비래암에
1년여 동안 고이 품어 간직한
내장산이여!
유생* 그리고 민초*들 내장사 의승*들
100여 명의 전사들이여!
장하도다

폭염이 푹푹 찌는 여름
겨울의 혹한 폭설을 견디며
거센 왜풍을 피해
조국의 역사를 지켜낸
그대들의 충정을
우리는 잘 알고 있다

그대들은
나라의 얼, 정신, 혼을 지켜낸
민족의 영웅

당신들의 업적은
대한의 가슴속에 길이길이
빛나리다.

---

* 역사 : 조선왕조실록. 태조어진
* 유생 : 조선 선조 시대 정읍 태인에 거주하던 안이. 손홍록 선비를 일컬음
* 민초 : 백성
* 의승 : 승병장 희묵대사와 승군들

섬진강은 알고 있다

계곡처럼 깊은 강
말없이 유유히 흐르는 천 년의 강
그대는 가슴 속깊이 고이 간직하고 있겠지
1950년 6·25 당시
319명의 경찰이 이룩한
유격전의 대승전을
빨치산의 기습으로 희생된
호국 영령들을
괴뢰군의 남하를 저지하다 산화한48명의 호국 혼령들을

지금도
잠 못 이루는 호국혼백들이여!
해마다 위령제로
그대들을 추모하고
업적을 조국의 맘속에 꽃피우니
이제는

모든 것 놓으시고
편히 잠드소서

묵묵히 흐르는 섬진강은
깊은 속만큼이나
그대들의 충정을 알고 있으리다.

※ 전남 곡성군 문화유적답사를 다녀와서

동진강물은 선혈

– 동학혁명

여린 백성들이여
힘을 내라
죽창을 들어라
횃불을 따르라

녹두 장군*의 핏발 친 호령 소리가
두승산 허리를 돌아
온 산야에 회오리친다

기세는 하늘에 닿고
천하가 평정되는 듯하였으나
왜세에 뜻을 이루지 못하고
한 머금고 가셨지

파랑새*가 녹두밭에 앉으니
녹두꽃*이 떨어져
청포장수*들의 울부짖는 눈물이
강을 이루었다.

지금도

쓰러져간 민생들 넋의 눈물이

정읍천, 고부천이 되고

동진강이 되어 흐르고 있다

아니

노을이 번져 선지피로 흐르는

동진 강물은

혁명에서 쓰러져간 민초들

혼백의 선혈이니라.

---

* 녹두 장군 : 동학농민 혁명가 전봉준
* 파랑새 : 왜군
* 녹두꽃 : 녹두 장군
* 청포장수 : 백성(국민)

한 서린 혼백
– 정순왕후

칠보산 허리를 휘감는
처량한 산울림은

여린 꽃망울
피기도 전에 궁에서 쫓겨나
초막에서 지내며
단종을 그리는 애틋한 마음
정순왕후*의 흐느낌이니라

단종이
영월에서 죽임을 당한 후
가슴을 쓸어내리는 슬픔을 짓누르지 못해
동방봉에 올라 유배지 동편을 향해
구슬피 울부짖는
정순왕후의 통곡이니라

오백 년의
성상의 세월이 흐른 지금도
맺힌 한을 풀지 못하여 슬피 울며
동방봉을 맴돌고 있는
한 서린 혼백이여!

이제는
역사가 알고 있으니
눈물에 젖고 젖어서 무거워진 한
다 내려놓으시고
소쩍새로 훨훨 날아
임 곁으로 가시옵소서.

---

* 정순왕후 : 조선 제6대 단종왕의 부인 1521.6.4. 사망(82세)
정읍시 칠보면 시산리 송현수 씨의 여식

경로석

비가 추적추적 내리는 어느 날
서울 아들을 만나고 오면서 시내버스를 탔다
우산 가방을 들고
요동치며 총알처럼 내달리는 버스 안에서
중심 잡고 서 있기란 정말 힘든 일

그런데
앞좌석에 앉아 있던 학생이
벌떡 일어나 자리를 양보하고 뒤로 갔다
나는 덥석 앉아 생각한다
자리를 빼앗은 것 같아서
미안하기도 하고 고맙고

이번엔
서울대병원에서 진료를 마치고
혜화역에서 지하철을 탔다 그것도 공짜로

근데
경로석 세 자리가 비어 있는 것이다
우리 내외는 누가 앉을세라
얼른 자리에 답삭 앉았다
앉아서 살펴보니
젊은이들이 자리를 비워 놓고 서 있는 것이었다.
염치가 없어서
미안하기도 하고 고맙고

서울에는
눈감으면 코 베어 간다고
싸가지*가 없다는디
참말로 알 수 없는 일이당께

여보게 노인네들
한가한 갱일*날
서울 한번 댕겨*와 보더라고.

---

* 싸가지 : 버릇의 전라도 사투리
* 갱일 : 일요일의 전라도 사투리
* 댕겨 : 다녀의 전라도 사투리

서울의 지하

서울의 땅 아래는
거미줄처럼 얼키설키 뒤얽혀 있는
거대한 땅굴

4호선을 타고 와서
충무로에서 3호선으로 갈아타기 위해
이정표를 보고 가는데
바삐 오가는 사람들
영락없는 개미 떼 행렬

고속터미널역에서 하차
호남선 화살표를 따라 나오는데
바쁘게 걷는 사람들
마치
밀물과 썰물이 밀려 오가는 큰 물결
틀림없는 개미집 출입구

서울의 지하에는
해, 달, 바람도 없는
크고 웅장한
세상이 있다.

새로 나온 유행가

행정동우회 등산가는 날
따라나섰더니
천년고찰 공주 갑사라

일주문 지나 울창한 숲길
윗몸 부러져 동강난 채
밑동만 남은 고목
스쳐 지나간 숱한 세월을 말해준다

고사는
고즈넉한 1600여 년의 역사를 품고
국중대찰답게 웅장한 얼굴
잠자듯 누워 인적을 반긴다

구석구석
오랜 시간들의 이끼가 새파랗게 돋아나
다 유구한데

산사의 정적을 밀어내는
카세트 독경 소리가
고저 없는 새로 나온 유행가 같더라.

칠선계곡*

지리산 천왕봉 끝자락
추성 마을에 이르니
과연
죽음의 골짜기답게
널려 있는 집채만 한 바윗돌
거센 물살에 천 년을 뒹군 돌멩이
바둑알처럼
반들반들

언저리 원시림 소나무는
묵은 세월을 대변하고
휘돌아 흐르는 웅덩이에
발을 담그니 간장까지 얼어붙는다

계곡 한가운데에 버티고 서 있는
집채 바위 하나
틈새에 뿌리를 내리고 서 있는 철쭉나무
목은 어떻게 적시는고

감탄하여
두 손 모아 기도한다
철쭉아!
바윗돌과 함께 천수만수하여라.

---

* 칠선계곡 : 지리산의 우리나라 3대 계곡 하나로 경남 함양군 마천면
  추성리에 속하며 죽음의 계곡으로 불릴만큼 험준한 계곡임

섬진강의 기차

붕 붕 붕 -------
기적을 내뱉으며 짤그락 짤그락
옛 증기기관차가 뛰어간다

좌편은 계곡처럼 깊은 섬진강이
우편은 산야의 풍광이
바람으로 스쳐간다

어릴 적
60년대 시절
2시간여씩 기다렸다 연착한 열차를 타고
어머니 손 꼭 잡고 따라서
설레는 가슴 안고 외갓집에 가면
외숙모가 덥석 안아주시던 기억이
50여 년의 세월을 거슬러 달려와
무거운 침묵을 뚫고 추억으로 일어난다

기차는
침곡역을 지나 가정역으로 달음질친다
기적 소리로 추억을 손짓하며
붕 붕 -------
짤그락 짤그락.

※ 전남 곡성군 문화유석 답사를 다녀와서

천관산* 억새꽃

다도해의
갯바람 큰 언덕 척박한 땅에
탯줄을 내리고
온갖 풍상을 견디며
굳세게 자란 억새풀

온몸의 몸부림으로
허옇게 피워 올린 손을
한들한들 저으며
환영한다

능선자락에 모이어
아침이슬 바람에 털고
숨 가쁘게 오르는 객을 향해
허연 손을 흔든다

오늘도 온종일
사각사각 서로 몸을 비비대며
오가는 손님을 향해
하염없이
흔들고 또 흔들고.

---

* 천관산 : 전남 장흥군 관산읍 외동리에 있는 높이 723m로 1998.10.13. 도립공원으로 지정된 호남의 5대 명산 가운데 하나

하조대* 해돋이

칠흑같이 어두운 동해 바다가
수평선 너머로
해를 토한다

하늘과 바다는
노을이 벌건 물감을 풀어놓아
붉게 타고
몸부림으로
용틀임을 한다

바다가
해를 낳을 때도 산통을 하는가!

어둠이 걷히니
요동치던 천해(天海)는 잠잠해지고
이렇게 또
희망에 찬 아침이
열린다.

---

* 하조대 : 강원도 양양군 현북면에 있는 온갖 기암괴석과 바위섬들로 이루어져있는 해안

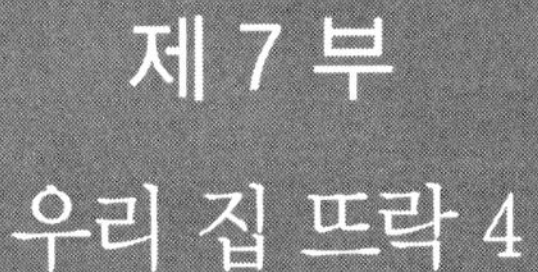

제 7 부

우리 집 뜨락 4

할미꽃

전설을 등에 업고
태어난 할미꽃
어매* 묘소 언저리에 홀로 피었네

엄니* 넋이 환생하셨나
생전 모습 그대로
낙타등하시고 고개 숙인 채 피었네

한 가닥 기력까지 다하여
우리 8남매 키우시고
한 방울 피까지 살라서
사랑하시더니
결국 모든 것 놓으시고
홀로 은하수 건너셨지

그래도
살아생전에 사랑을 못다 하셨는지
자주 빛깔 짙은 핏빛 할미꽃으로
다시 태어나셨는가!

* 어매, 엄니 : 어머니의 전라도 사투리

어머님 전상서

이름만 불러도 마음이 뭉클해지는 것은
한없이 넓고 깊은
어머님 가슴속을 알기 때문입니다
노래만 들어도 눈물 글썽이는 것은
불효한 제 자신을
깨달았기 때문입니다

기일이 가까워지니
가실 때 야위고 창백한 얼굴로
저승과 이승을 몇 번이고 넘나들었던 기억이
문득문득 일어섭니다

꽃가마타고
고샅길 지나 막시 골로 가실 때
하늘도 땅도 눈물을 삼키었습니다

저도
삶에 무거운 짐 지고
한세상 열심히 달음질쳐 왔더니만
벌써 해름 녘 되었습니다

목메어 부르고 싶은 엄니*
훗날
떳떳한 아들로 어머니 외치며
곁으로 달려가겠습니다.

* 엄니 : 어머니의 전라도 사투리

눈물 시암

깃이 점점 자라 서툰 날갯짓으로
여린 몸 달고 제 새둥지 찾아 떠난 자식
맵찬 갯바람 거친 물살
잘 헤저으며 사는지
속 까맣게 타는 것은
품고 있을 때나 매한가지

잘 지낸다는 소식에
기뻐서 콧등이 시큰대고
힘든다는 소식에
속상해서 눈시울이 화끈거린다

그놈의 눈물샘은
가뭄도 안 타는가
까만 재 우러나오는 간간한 짙은 액
한없이 솟아
언제나 졸졸 흐르는 냇물

아마

새끼들이

아부지 엄니 가슴속에

눈물 시암*을 깊이깊이도 파놓고

갔나 봐!

---

* 시암 : 우물의 사투리

벽에 걸린 사진

거실 벽 중앙에 걸린
커다란 사진
앞줄에 손주놈들
가운데에 우리 내외
뒷줄에는 자식들
슬하에 꽃이 주렁주렁 피었네

거기에는
멈춰선 세월이
새록새록 돋아나는 추억이
철철 넘치는 사랑이
깃들어 있는다

물끄러미 바라보고 있노라면
꽃들이
우르르 뛰쳐나와
깔깔깔 반긴다

흐뭇해
넌지시
벙그레진다.

내 아버지가 가신 길

아부지*
삭신*은 어떠신그라우* 뱁*은 잘 잡수지라우
나는 암시랑* 안항께잉
씨알떼기없는* 걱정허지 말랑께

고희 고개 넘은 육신
어찌 아무렇지도 않겠는가
골이 다 빠져나가
뼈 마디마디가 삐걱거리고 아린 것을

이것은
내가 담담히 가야 할 길
내 아버지가
앞서 묵묵히 가셨던 길

몸져누우시고
혀가 무거워 어둔하실 때는

이미 기울어진 운명이셨지
생의 무게 감당할 수 없어
돛을 내리고 파도에 몸을 내어 주셨지
그때서야
효도한들 무슨 소용 있었겠는가

내 아부지가 가신 길을
내가
말없이 잠잠히 가고 있다.

---

* 아부지 : 아버지의 전라도 사투리
* 삭신 : 몸의 전라도 사투리
* 라우 : 가요의 전라도 사투리
* 뱁 : 밥의 전라도 사투리
* 암시랑 : 아무렇지도의 전라도 사투리
* 씨알떼기없는 : 쓸데없는의 전라도 사투리

꿈

우리 내외의 꿈
두 번째 품은 꿈
절망을 딛고 다시 일어선 꿈
꼭 이루어야 할 꿈

아직
멀리 있어 보이지 않지만
우리가 간절히 기도하면
훗날
우리 맘이 하늘에 닿을 때
먹구름 걷히고
뜨락에 햇살 가득한 아침
벙그레 웃음 안고
오리다.

약 속

– 한가윗날

오늘은 약속의 날

오는 길
아무리 멀고 힘들어도
지키지 않을 수 없습니다

아부지 엄니
솔바람만 가끔 달음질치는
인적 없는 외진 산자락에서
금생에 두고 간 자식 그리워
손꼽아
애타게 기다리십니다

아버님은 갓빠산 기슭 어머님은 막 시골에
서로 멀리 떨어져 계시었는데

고독 훌훌 털어내고
오순도순 깨 쏟아지시라고
두 분 막시 골로 합장하여드렸습니다

넙죽 엎드려 배례, 은덕에 감사!
약속 지키고 하산하는데
안 잊히는 부모님 맘인지
해 그림자가 자꾸 따라 붙습니다.

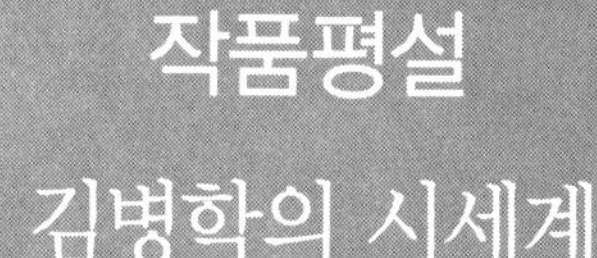

작품평설

김병학의 시세계

'자연친화' 의 정체성

유한근
(문학평론가·디지털서울문화예술대 교수)

이 시집 서문에서 김병학 시인은 '오랜 고뇌와 장고 끝에 품어 가슴앓이로 낳은 열매를 주섬주섬 모아 세 번째' 시집을 만든다고 말하고 있다. 시집의 제목 『옹알이의 진실』이라는 의미가 이를 말하고 있는 것으로 보여진다.

인간의 심층적인 비밀, 그 내밀함을 탐색하는 것이 시라는 정의는 수정되어야 한다. 그 말이 틀렸다는 의미가 아니라, 수정되어야 한다고 나는 말했다. '인간의 심층적 비밀' 은 사람의 색깔, 냄새, 빛으로 표상되는 느낌과 생각, 그리고 원형질적인 그 무엇까지도 포함된다. 이 경우는 존재론적 양식을 통해 인간을 파악하는 것이고 관계론적 양식으로 파악할 수 있는 것은 사람과 사람, 사람과 사회, 사람과 자연, 혹은 우주와의 유기적 구조를 규

정할 때 이루어진다. 새삼 이러한 생각을 하게 된 것은 김병학 시인의 시를 일별하고 나서이다. 나는 김병학 시인의 자연인으로서의 삶을 알지 못한다. 시를 접하면서 그를 알았을 뿐이다. 그가 우리와 동시대에 살고 있지만 어떤 시간대에서 그리고 어떤 공간 속에서 살고 있는가에 대해서 시를 통해 접했을 뿐이다. 그의 시인으로서의 삶, 그 공간과 내면 깊숙이에 또아리를 틀고 있는 존재의 모습은 시를 통해서 보게 된다. 시인의 내면에 은밀하게 숨어 있는 그 존재가 어떤 모습인지, 무엇인지를 탐색하기 위해 나는 그의 「시인의 말」을 먼저 읽었다. 그 단서를 찾기 위해서. 위에 언급한 바, 시인이 '오랜 고뇌와 장고 끝에 품어 가슴앓이로 낳은 열매'가 그의 시이다. 그러니까, 시인의 말에 의하면 그의 내면 진실을 푸는 것은 가슴앓이를 푸는 것과 같다.

울적한 맘 추스르기 위해
고즈넉한 내장사를 찾았다
산사에 가면 의례히
대웅전을 아니 볼 수 없지

그런데
천년고사 웅장한 대웅전은
온데간데없고
새까만 잿더미가 가림막으로 가려져
그 자리에 누워 있다
중생은 다 어찌하고

벌써 노승 따라 입적하셨나
지금까지
확실한 화재 원인 모르고
난로가 과열되어 일어난 것으로 추정한다고
앞에 서 있는
붓다의 진신사리 석탑이
묵묵히 바라보고 하신 말씀
당신을
끝까지 지키지 못해 미안하오

―「잿더미 대웅전」 전문

위의 시 「잿더미 대웅전」에서 시인의 가슴앓이, 그 하나의 단서를 찾아낼 수 있다. 그것은 상실의 아픔이다. 내장사 대웅전의 소실, 이것은 불교, 노승의 부재이며 고향의 정체성 상실이라는 의미를 함유한다. '잿더미 대웅전' 은 중생이고 노승이라는 의식의 등가치는 모든 만물은 하나라는 우주 유일 사상을 의미한다. 우주에 있는 모든 물체는 하나의 유기적인 끈으로 묶여져 있다. 그것은 인과 연으로 묶여져 있음을 화재로 소실된 내장사 대웅전으로 표상한다. 그뿐 아니라, 화재의 현장을 바라보고 있을 수밖에 없었던 '붓다의 진신사리 석탑' 의 말씀을 통해 방점을 찍는다. 이 시는 구체적이다. 리얼하게 표현되어 있다. 그리고 진솔하다. 꾸밈이 없다. 우리 삶의 모습들을 자연스럽게 하나의 은유 구조로 형상화하고 있는데 이러한 유형은 김병학 시인의 시 특징이다.

허리가 딱 굽은 할매가
내 몸에 의지해 세 발로
아그작 아그작 고샅길을 걸어갑니다

막 태어나 젊었을 때는
갓난애를 항상 안고 다녔으며
아기가 보채면 깰세라
가만가만 걸었습니다

나는
늘그막 황혼에
할머니의 지팡이가 되었습니다
내가 몸져누우면
애나 할미는 움직일 수가 없습니다
그래서
기운이 빠져 지칠 때는
칠흑의 밤 남몰래
어둠을 고봉으로 퍼서 꾹꾹 씹어 먹고
힘을 냈습니다

해님이 자지러지게 웃는 화창한 아침
오늘도
할매님은 나를 앞세우고
마실 길을 떠납니다
햇살도 못 잊혀서
기우뚱기우뚱 따라 나섭니다.

—「유모차」 전문

이 시 「유모차」는 다분히 동시童詩적이다. '유모차'를 의인화하고 이 시의 화자로서 설정하고 있는 것이 그러하고, 이 시의 저변에 깔려 있는 정서도 그러하다. 그것은 동심이다. 사실성과 진정성이다. 또한 단순성이다. 그리고 그것은 '사무사思無邪'이다.

공자는 『논어論語』 위정爲政편에서 "시경 삼백 편은 한마디로 생각에 사특함이 없다."(詩三百, 一言而蔽之日 思無邪)고 했다. 사무사思無邪를 직역하면 '생각이 바르므로 사악함이 없음'이라는 의미를 가지고 있다. 시경에서는 독법이나 작법에서 최고의 것이 사실성寫實性과 진정성眞正性 있음을 강조하는 것으로 이해해도 좋을 것이다. 문학에 있어서, 넓게는 예술에 있어서 절대미는 사실성과 진정성이다. 생각에 삿됨이 없는 의식 공간, 그 공간은 윤리도덕적인 공간을 뛰어넘는 동심의 공간이며, 무심의 공간이다. 그리고 나아가서는 자연 사랑의 공간이다.

이러한 사실은 김병학 시인의 다른 시에서도 찾아볼 수 있다.

부부이발사
머리세탁소
네댓 평 되는 비좁은 공간에 낮은 천장
문틀 위에 묵은 둥근 시계 왼쪽엔 달력
구석의 카세트에서 토해내는 흘러간 유행가의
고복수 노래가
가슴을 옛 세월에 묻는 곳

의자에 앉아 눈을 감고 머리를 맡기면
머리칼을 솎아내고 털고
얼굴에 크림 발라 싹싹 면도질하여
이물질을 긁어낸다
다 끝났다고
의자를 툭툭 치는 신호에 눈을 뜬다
재벌질로 한 번 더
비누질해 여기저기 빡빡 문질러서
속세에 찌든 티 깨끗이 털어내고 나면
아!
상쾌한 기분
이 골목 저 골목 미장원에서 손짓하지만
굳이 그 집을 찾는 까닭은

그곳은
옛정이 있고
고향이 있고
새 사람들이 있다.

—「반달 이발소」 전문

위의 시 「반달 이발소」에서 볼 수 있는 것처럼 옛 모습 그대로를 간직하고 있는 고향의 한 모습이다. 그곳에는 낡은 시계, 달력이 있고 고복수의 유행가가 흘러나온다. 또한 그곳에서는 속세의 찌든 때를 씻어낼 수 있고, 옛정과 고향이 있다. 그리고 새 사람들이 있다. 옛날 그 시절, 마을 이발소는 아낙네들의 빨래터 같은 역할을 하는 공간이었고, 마을의 경사, 그 시작을 알리는 곳이기도 했다. 잔치가 벌어질 때는 동네 어른들은 머리부터 깎고 새 옷으로 갈아입었기 때문이다. 이러한 고향 마을의 정취가 남아 있는 '반달 이발소'를 시적 재제로 삼은 것은 시인의 고향 사랑의 한 단면이라 할 수 있을 것이다.

당신은
토방에 사뿐히 내려앉은 봄볕
포근한 어머님 품속
구들장 아랫목입니다

그대는
알맹이를 떨어낸 볏짚 내음
지글지글 끓는 된장국
뚝배기에 마시는 막걸리입니다

자기는
졸졸졸 돌부리에 부딪치며 굴러 흐르는
도랑물소리
들을 건너오는 정겨운
솔밭 뻐꾸기 소리
궂은날 추억을 두드리는
집시랑물 소리입니다
당신은 그대는 자기는
언뜻언뜻 일어서서 두런두런 다가오는
지나간 옛이야기입니다

—「고향」 전문

김병학 시인은 위의 시 「고향」에서 '고향'을 '당신', '그대' '자기'라고 부른다. 이 호칭들은 정겨운 호칭이다. 사랑하는 사람에게 부르는 호칭이다. 다분히 의도적이다. 시인은 고향을 '봄볕' '어머님 품속' '구들장 아랫목' '볏집 내음' '된장국' '막걸리'로 인식한다. 또한 '도랑물 소리' '뻐꾸기 소리' '집시랑물 소리'라는 청각적 이미지로 인식한다. 그리고 마지막 연에서는 "언뜻언뜻 일어서서 두런두런 다가오는/지나간 옛이야기"라고 토로한다. 고향은 옛이야기인데, 그것은 수시로 뜬금없이 일어서서, 정겹게라는 의미를 내포한 "두런두런" 다가온다고 표현이다. 고향에 대한 많은 사람들의 감정을 적절하게 대변해주고 있는 정서이며 언어들이다.

우리들은 나이가 들어갈수록 더욱더 고향을 그리워한다고 말하곤 한다. 타향에 있으면 더욱 그러하고, 고향에 있어도 더 사랑하게 된다고 한다. 이 마음을 이 시는 대변해준다.

달도 차면 기운다더니
우리네 세상살이도
칠순 넘으니 기우는 인생

골격은 숭숭히 구멍 뚫린 골다공으로
빈 수수깡
연골은 닳고 닳아서 마디마디가
삐걱거리고

살갗은 수분이 점점 빠져나가
마른 삭정이
성냥불만 붙이면
훨훨 타버릴 쇠해진 육신
숱한 해[年]를 넘어오면서
묵은 몸이 되었으나
가끔은 나이를 착각하고 사는 치매환자
굳어서 새 움도 돋지 않는
나는 고목.

—「나는 고목이다」 전문

시「나는 고목이다」는 자아 정체성에 대한 가슴 아픈 토로를 진솔하게 표출한 시다. 시어 '골다공' '빈 수수깡' '마른 삭정이' '치매환자' 그리고 '고목'이 그것이다. 이러한 비유는 객관적 상관물이지만, 그 이면에 숨겨진 이미지에 주목할 필요가 있다. '빈 수수깡' '마른 삭정이'는 등가치이지만, 이것들은 위의 시행 "성냥불만 붙이면/훨훨 타버릴 쇠해진 육신"과 '묵은 몸'이 연결되면서 반어적 구조로 이해할 수 있기 때문이다. "훨훨 타버릴"이라는 내포적 의미에서 정열, 열정이 함유한다. '빈 수수깡' '마른 삭정이'의 내포적 이미지를 돋보이게 한다. 그리고 '묵은 몸'의 경륜과 지혜를 주목하게 한다. 시인의 열정은 문학에 대한 열정일 것이다. 삶에 대한 지혜를 함유할 수 있다는 시인적 의지일 것이다.

이에 따라 그의 시는 참신하고 따뜻한 이미지를 가능하게 한다. 그 예가 「감꽃」이다.

달이 솟아오르면
아파트 밑에
달그림자 밟고 장승처럼 서서
집을 지켜주는 감나무의 꽃
이파리 무성한
오월이 오면
잎사귀 속에 숨어 피는 꽃

새악시처럼
예쁜 연둣빛으로 피어나면서도
수줍어 남모르게 피는
소박한 꽃잎

말없이 한 세월 보내다
때가 되면
조그만 씨알만 남기고
통째로 떨어져 사라지는 화엽
남몰래 태어나
묵묵히 세월에 묻히는
숨은 꽃.

— 「감꽃」 전문

이런 맥락에서 볼 때, 시 「감꽃」은 자연친화 상상력에 의한 자연 사랑 혹은 고향 사랑만을 의미하지는 않는다. 소박한 꽃이고 "잎사귀 속에 숨어 피는 꽃"이며 "남몰래 태어나/묵묵히 세월에 묻히는/숨은 꽃"이지만, "달그림자 밟고 장승처럼 서서/집을 지켜주는 감나무의 꽃"이라는 감꽃에 대한 이미지가 긍정적이며 희망적이다. 이는 곧 시인 자신의 정체성에 대한 토로와 다름이 없다. "조그만 씨알만 남기고/통째로 떨어져 사라지는 화엽"과도 같은 존재이지만, 마지막 보루로 남을 존재임을 감꽃을 통해 인식하고 있는 것으로 보아도 좋을 것이다.

또한 이 시에서 간과할 수 없는 점은 '감꽃'이라는 사물에 대한 이미지이다. 나는 여태 기존의 시에서 감꽃을 이렇게 인식하고 있는 시를 보지 못했다. 그것은 김병학 시인의 자연친화 상상력이 시인 자신과의 동질성을 인식한 결과로 보인다. 이러한 인식방식은 시 「바람의 길을 열어라」에서도 찾아볼 수 있다.

바람이 흐르는 길목에
큰 웅덩이를 파놓고 그득히 고이면
호주머니에 넣어 다니다가
산봉우리 오르며 숨이 컥컥 막힐 때
조금씩 꺼내 쓸 수 없을까

(…)

산들산들산들 지날 때

솔솔솔 지나갈 때
주저 없이 길을 열어 주노라.

— 「바람의 길을 열어라」 첫연과 마지막연

위의 시는 「바람의 길을 열어라」의 첫 연과 마지막 연이다. 위의 시에서 시인은 바람을 "본디 흩어져" 살지만 "모이면 노하여/태풍이 되고 허리케인"이 된다고 인식한다. 그리고 위의 첫 연에서 보듯이 "호주머니에 넣고 다니다가 숨이 막힐 때 꺼내 쓸 수" 있어, 마지막 연에서 보듯이 길을 열어 주고 싶다고 말한다. 이는 바람에 대한 신뢰감과 바람에 대한 애정의 표현이기도 하지만, 바람에 대한 시인의 감각적 인식과 다르지 않다.

이와 같은 맥락에서 볼 수 있는 다른 한 편의 시가 「눈꽃」이다.

뿌연 하늘에서 솜 눈송이가
속속 빠지니
잎 진 가지에
순백의 눈꽃이 주렁주렁

꽃 질까 봐
바람도 가만가만 지나고
해님도 구름 속에 숨었네

나뭇가지에 까치 한 마리
푸드득 가지를 흔들고 날아가며

눈꽃을 우수수 떨군다

까치야
시새움하지 마라
바람이 구름을 걷어가고
햇살이 사풋이 내려앉으면
절로 지는 꽃이니라.

— 「눈꽃」 전문

시 「눈꽃」은 바람과 해님과 그리고 눈꽃의 유기적인 관계를 시로 형상화한 시이다. 눈꽃이 질까 봐 살며시 지나가는 바람. 구름 속에 숨어서 보는 해. 그러나 까치 한 마리가 날아가면서 눈꽃을 떨군다. 이런 자연의 풍경을 시인은 시 마지막 연에서 까치에게 "시새움하지 마라"고 말한다. "바람이 구름을 걷어가고/햇살이 사풋이 내려앉으면/절로 지는 꽃"이 눈꽃이기 때문이라는 것이다. 우리 삶에 대한 모습을 자연을 통해 은유하고 있는 지혜가 함유된 시이다. 이러한 지혜는 시인이 지니고 있는 자연친화 상상력 때문이다. 자연에 대한 세밀한 관찰, 자연과 더불어 사는 삶이 이러한 문학적 상상력을 가능하게 한다.

문학에 있어서 필요한 것은 지식이 아니라 지혜이다. 천상 시인은 지식이 필요하지 않다. 감성이 살아 있기만 하면 된다. 지혜'는 시인의 '가슴앓이' 그 고뇌는 해소된다. 시에 있어서 지혜는 먼저 시어에서 만들어진다. 언어에 대한 새로운 인식은 새로운 이미지를 창출한다. 진부한 시어, 죽은 시어를 생동감 있는 언어, 생명을 느끼게 하는 시어는 자연의 사물들의 유기적 관계를 세밀하게 통찰하는 시인, 그 자연 친화 시인만이 할 수 있는 일이다.

나는 김병학 시인의 시를 일별하면서, 시인의 언어가 소박하고 진솔하며 생동감을 주고 있음을 알았다. 시인의 언어 인식이 새롭다는 것을 탐색할 수 있었다. 시인은 부단히 새로운 언어 인식에 대한 관심과 형상화에 힘쓴다. 문학의 시작이 언어 인식부터 시작되어 그것으로 끝나기 때문이다. 하나의 시어가 생명력을 갖고 시공간을 초월하여 그 생명을 유지하고 새로운 가치를 만들어 낼 때, 그 시어로 구조된 시는 생명이 있는 존재가 될 것이기 때문이다. 물론 시가 사용된 모든 시어들이 새로울 수는 없다. 시어는 일상어로 쓰여졌기 때문이다. 그러나 시어와 시어가 부딪쳐 만들어내는 창조 공간이 있는 한 시어는 언제나 살아 있기 마련이다.

또한, 김병학 시인의 자연시 혹은 소박하게 일상의 리얼리티를 살려 쓰는 감각적인 시를 보면서 그의 시는 아름답고 지혜롭다는 생각이 든다. 그의 시에서 문득문득 보이는 자연의 신비를 새롭게 만날 수 있었다. 그 신비는 김병학 시인이 열어야 할 자연 친화의 새 지평을 통해 좀 더 깊고 넓게 보여줄 것이기 때문이다. 그것은 그의 '가슴앓이'의 결과물이기 때문이다.

김병학 제3시집

옹알이의 진실

■
인　　쇄　2014년 3월 18일
발　　행　2014년 3월 21일

■
지 은 이　김 병 학
펴 낸 이　서 정 환
펴 낸 곳　신아출판사

■
등　　록　1984년 8월 17일
주　　소　전주시 완산구 공북1길 16
전　　화　(063) 275-4000
e-mail　sina321@hanmail.net

값 10,000원

ISBN 979-11-5605-061-2 03810

이 도서의 국립중앙도서관 출판시도서목록(CIP)은 서지정보유통지원시스템 홈페이지(http://seoji.nl.go.kr)와 국가자료공동목록시스템(http://www.nl.go.kr/kolisnet)에서 이용하실 수 있습니다.(CIP제어번호:CIP2014008673)

* 이 책은 2014년 전라북도 문예진흥기금 지원을 받았습니다.